Mein Wisch-und-weg-Buch
Weihnachten

Illustrationen: Dania Florino
Gestaltung: Laura Hammonds
Text: Kirsteen Robson

Verwende deinen Wisch-und-weg-Stift, um die Aufgaben in diesem Buch zu lösen.

Der Weihnachtsschmuck

Hilf Birte Bär und Felix Fuchs den Weihnachtsbaum zu schmücken. Fahre die Kugeln nach.

Fahre die Lichterketten nach, um zu sehen, welche zwei Mäuse sie halten.

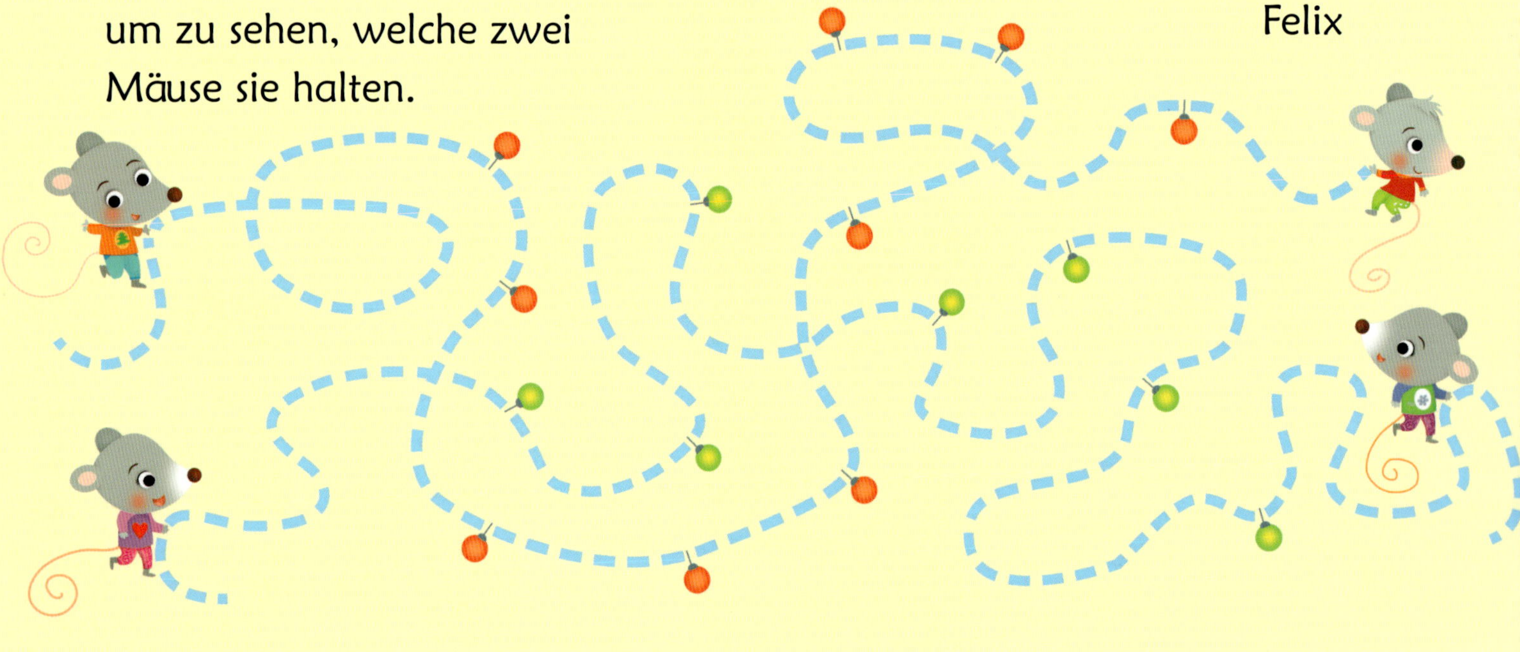

Finde die Strumpfpaare und verbinde sie mit einer Linie.

Verbinde die Zahlen der Reihe nach und male den Kamin fertig.

Finde vier Unterschiede zwischen den Schachteln mit Weihnachtsschmuck.

Spaß im Schnee

Felix Fuchs und Birte Bär wollen einen Schneemann bauen. Welchen Weg muss Felix seinen Schneeball entlangrollen, um zu Birte zu kommen?

Felix

Zähle die Schneebälle auf jedem Haufen und fahre die Zahlen nach.

Male dem Schneemann eine Karottennase. Einen Hut braucht er auch noch.

Male die Spur, die Martin Maus mit seinem Snowboard gefahren ist.

Male die beiden Schneemänner fertig. Vergiss die Augen und den Mund nicht.

Eine Schlitterpartie

Verbinde jeden Hasen mit seinem Zwilling.

Findest du hier zwei Mäuse, die Schlittschuh laufen? Kreise sie ein.

Fahre die Spur nach, die Birte Bär mit ihren Schlittschuhen hinterlassen hat. Male auch eine Spur hinter Felix Fuchs.

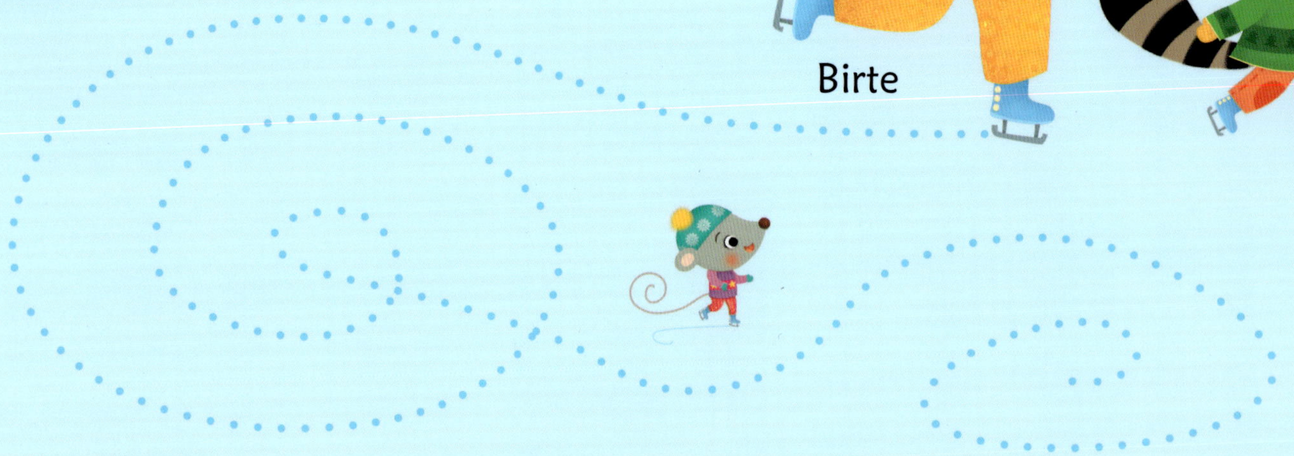

Fahre die gepunkteten Linien nach. Was steht dort im Schnee?

Verbinde die Zahlen und male den Imbissstand von Daniel Dachs fertig.

Male ein X über das Eichhörnchen, das anders aussieht.

Der Weihnachtseinkauf

Male drei weitere
Lämpchen an die Schnur.

Finde sechs Unterschiede zwischen
den Marktständen.
Kreise sie ein.

Male die Schlitten
fertig und lege
weitere Geschenke
darauf. Jedes Tier
soll vier haben.

Zähle den Weihnachtsschmuck an jedem Baum. Fahre dann die Zahl darunter nach.

Male die Dekoration zu Ende.

Geschenke einpacken

Was packen die Mäuse als Nächstes ein? Verbinde die Zahlen.

Verbinde jedes Geschenk mit einer Schleife, die dazu passt.

Fahre die drei Geschenke nach. Verziere sie dann mit Punkten oder Streifen.

Wer hält das andere Ende von Manni Maus' Geschenkband? Folge den Linien.

Fröhliche Lieder

Verbinde die Zahlen und stelle das Haus fertig.

Findest du fünf Unterschiede zwischen den Schneemännern? Kreise sie ein.

Male ein X über das Haus, das anders aussieht als die anderen.

Was leuchtet so hell? Fahre die Linien nach.

Wie viele Tiere tragen Mützen?

Unterwegs mit dem Schlitten

Zeige dem Weihnachtsmann den Weg zu dem Haus mit der roten Tür.

Kreise die sieben Sternschnuppen ein.

Male die Häuser zu Ende.

Male den Mond in den Himmel. Die gepunkteten Linien helfen dir dabei.

Zähle die Häuser in jeder Gruppe und fahre dann die passende Zahl nach.

Auf den Dächern

Findest du sieben Unterschiede zwischen den Säcken?

Fahre die Fenster nach.

Verbinde die Zahlen, damit der Weihnachtsmann ins Haus kommt.

Male den Gürtel und die Stiefel schwarz aus.

Finde sechs Stiefelabdrücke, die der Weihnachtsmann im Schnee hinterlassen hat.

Diese Zahl zeigt dir, wie viele Eiszapfen vom Dach hängen. Fahre sie nach.

Winterlandschaft

Hilf dem Weihnachtsmann den Weg zu Birte Bärs Haus zu finden.

Welches dieser fünf Rentiere sieht anders aus? Male ein X darüber.

Fahre die Linien nach. Was siehst du?

Male Geweihe an die drei Rentiere, die noch keine haben.

Kreise sechs Hasen ein.

Die Bescherung

Male Birte Bärs neuen
Pullover fertig.

Welche Geschenke hat
Birte noch bekommen?
Fahre die Linien nach.

Welches Geschenk unter dem Weihnachtsbaum sieht genauso aus wie das von Felix Fuchs? Male ein X darunter.

Male die fehlenden Schienen von Willi Waschbärs Eisenbahn.

Finde acht blaue Geschenkschleifen. Kreise sie ein.

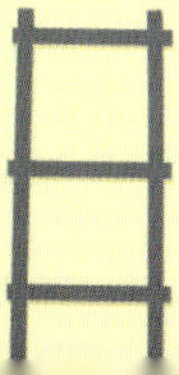

USBORNE

Usborne

Mein Wisch-und-weg-Buch
Weihnachten

In diesem weihnachtlichen Buch finden Kinder Labyrinthe, Finde-den-Unterschied- und Punkt-zu-Punkt-Rätsel. Zahlen und Linien zum Nachfahren üben den sicheren Umgang mit dem Stift. Und falls doch mal was danebengeht: einfach wegwischen und noch mal versuchen.

ISBN 978-1-78232-704-2
9 781782 327042
€ 6,95 (D) € 7,20 (A)

JFMAMJ ASOND/24 04219/15

ACHTUNG! Nicht für Kinder unter 3 Jahren geeignet. Erstickungsgefahr wegen verschluckbarer Kleinteile. Abwischbarer Stift ist nicht von allen Materialien entfernbar.

usborne.de

7. Auflage 2024

Verbinde die Zahlen der Reihe nach und male den Schlitten vom Weihnachtsmann fertig.
1
2
3
4
5
6
7
8
9
10
Wo war der Weihnachtsmann gerade? Folge den Flugspuren.
Zähle die Häuser und fahre dabei jede Zahl nach.
1 2 3 4 5

Usborne

Mein Wisch-und-weg-Buch

Weihnachten

mit abwischbarem Stift